Sprung ins Ungewisse

ALEXANDR SCHMIDT

Sprung ins Ungewisse

Bibliografische Information der Deutschen Nationalbibliothek
Die Deutsche Nationalbibliothek verzeichnet diese Publikation
in der Deutschen Nationalbibliografie; detaillierte
bibliografische
Daten sind im Internet über http://dnb.d-nb.de abrufbar.

Umschlagdesign, Satz, Herstellung und Verlag:
BoD – Books on Demand, Norderstedt
Grafik: Tamara Kulikova/ Shutterstock.com
ISBN 978-3-7481-0440-7

Inhalt

Epigramm:
Badet eure Seele
im Quell der Jugend
der eigenen Gedanken

Diese Geschichte erzählte mir ein Bekannter, genauer gesagt, dieser Bekannte war ich selbst. Es gelingt uns nicht immer, uns selbst zu erkennen.

Die Geschichte ließ mir lange keine Ruhe und sie inspirierte und erstaunte mich ständig. In meiner Jugend las ich nicht besonders gerne, und meine Einstellung zum Leben war unkompliziert. Später begann ich dann aber das Leben aufmerksamer zu beobachten und entdeckte dabei immer neue interessante Dinge für mich selbst, an denen ich aber fast niemanden teilhaben ließ. Gerade in schwierigen Momenten betrachtete ich das Leben so, wie es wirklich ist.

Wer hätte sich vorstellen können, dass dieser junge Mann, der viel träumte und dabei selbst nicht immer an seine Träume glaubte, weil er sie teilweise für unerfüllbar hielt, diesen plötzlich von Angesicht zu Angesicht begegnete und anfing, an Vorsehung, Gott und Wunder zu glauben.

Sprichst du nicht mehr

Bleibst du im Schweigen

Wie kannst du Gott mit Worten zeigen?

Gott ist Licht

Gott ist Liebe

Du brauchst kein Wort über Gott zu schreiben

Gott sitzt genau in deinem Herz

Und zwischen den Augen.

Bisweilen, wenn er so über das Leben nachdachte, kam er zu der Erkenntnis, dass das Leben selbst ein Wunder ist, so wie auch die Geburt eines Menschen ein Wunder ist. Das Leben versetzte ihn immer mehr in Erstaunen, auch wenn äußerlich alles alltäglich zu sein schien. Kurz gesagt, er fing an sich immer mehr auf die Bekanntschaft mit sich selbst einzulassen.

Die Menschen suchen das Geheimnisvolle in dieser Welt und haben ein unwiderstehliches Verlangen nach allen Facetten des Lebens. Und sie suchen Liebe und Freundschaft, obwohl das nicht immer allen in gleichem Maße gelingt. Der junge Mann schätzte vor allem Freundschaft, und zwar wahre Freundschaft. Allerdings hatte er nur wenige Freunde, da er auch die Inspiration der Einsamkeit suchte.

In der Einsamkeit liegt etwas Magisches, Philosophisches und Rätselhaftes. Er schätzte aber auch freundschaftliche Beziehungen, und das nicht nur innerhalb, sondern auch außerhalb Deutschlands. Der Mensch strebt nach netten Bekanntschaften und Beziehungen. Das ist der eigentliche Sinn des Lebens – dachte er.

Eines Tages begann er sich vertieft Gedanken über die Welt, die Menschen und die Erde zu machen. Er kam immer mehr zu der Erkenntnis, dass die Welt eine Einheit bildet, und er empfand das auch bei seinen Aufenthalten in verschiedenen Ländern so, wo er sich zur Arbeit oder Erholung aufhielt. Er fühlte, dass sich die Menschen in jedem Land nach gegenseitigem Verständnis, guter Stimmung und Freiheit sehnen, und zwar nach innerer Freiheit, umso mehr als die Welt immer komplexer wird, was durch mehrere informationelle Faktoren bedingt ist. Manchen gefällt das, und sie bemerken selbst nicht einmal, wie sie kopfüber in die Informationswelt eintauchen, die von ihren Gefühlen und ihrem Denken Besitz ergreift. Die Ereignisse in der Welt sowie im Leben des Einzelnen verändern sich häufig mit der Geschwindigkeit eines Mausklicks.

Die Menschen haben begonnen, sich immer mehr auf dieses kleine Fenster, Computermonitor genannt, zu verlassen und haben sich dabei nicht ohne Grund, jedoch ohne es zu bemerken, immer weiter von sich selbst entfernt. Natürlich bemerkt man das nur schwerlich selbst, wenn die Aufmerksamkeit hauptsächlich auf ein äußeres unbelebtes Objekt gerichtet ist. Mit der Abschwächung der Gefühle und dem Nachlassen der Fantasie ist der Mensch immer mehr zum Roboter geworden. Und das Leben selbst ähnelt mehr und mehr einem Computerspiel. Zuweilen lässt sich nur schwer unterscheiden, was wichtiger ist, das Leben oder das Computerspiel, denn die Menschen finden in dem kleinen Monitor alles, sowohl für das materielle als auch für das geistige Leben.

Er bemerkte die amorphen Blicke der Menschen auf der Straße. Es waren die Blicke der Menschen, die gerade erst wieder aus dem Monitor aufgetaucht waren. Es waren die Blicke von Menschen, die scheinbar gerade von einem anderen Planeten gekommen sind, ausdruckslose und abwesende Blicke. Auf lebendige Menschen reagierten sie immer weniger. Der Mensch blieb immer mehr dem Monitor und dem Smartphone verhaftet. Das Interesse an neuen Bekanntschaften nahm zwar zu, aber der Effekt war nur vorübergehend, da es mehr um Quantität als um Qualität ging.

Viele ältere Menschen haben das Thema gemieden, indem sie es als eine nicht zu verkraftende und unnötige Belastung für ihr Gehirn betrachten. Viele wiederum bemühen sich

Schritt zu halten und besuchen diverse Computerkurse, einen nach dem anderen, ohne immer zu verstehen, wozu sie das überhaupt brauchen.

Er besuchte als Dozent eine Reihe internationaler Kongresse, aber diese brachten ihm eher moralischen Erfolg und Inspiration als eine Verbesserung seiner materiellen Lage, über die er sich nicht viel Gedanken machte, da das Leben selbst so interessant und geheimnisvoll war.

Das Leben trug ihn auf einem Segelboot der Inspiration und der Liebe zu Menschen und Abenteuern. Er entschied sich meistens für das, was für ihn im Leben am wichtigsten war, und die Menschen schätzten ihn, obwohl sie es ihm gegenüber nicht immer äußerten. Morgens drehte er seine Joggingrunden und manchmal schwamm er im Rhein, unabhängig von Wetter und Jahreszeit.

Auf sein Leben blickend, bemerkte er, dass sich darin bisweilen grundlegende Veränderungen vollzogen. Das ist nicht weiter erstaunlich, da sich der Mensch alle sieben Jahre verändert, und zwar nicht nur in seiner körperlichen Entwicklung, sondern auch in seinem Bewusstsein.

So eignet sich der Mensch in den ersten sieben Jahren die Sprache an und lernt sich auszudrücken, in den nächsten sieben Jahren – d.h. bis 14 Jahre – vollzieht sich die Pubertät, d.h. der geschlechtliche Reifeprozess, die nächsten sieben Jahre – bis 21 Jahre – sind geprägt von einer aktiven Entwicklung des Körpers, von Sport und der Entwicklung physischer Fähigkeiten. Und was bringen die nächsten Jahre, die Zeit bis 28 Jahre? In dieser Zeit vollziehen sich grundlegende Veränderungen im Bewusstsein! Das geschieht, ob die

Menschen es fühlen oder nicht. Bei vielen hat das mit dem Beruf und der Karriere zu tun, bei anderen zeigt es sich eher im Privat- oder Familienleben.

Solche Veränderungen vollzogen sich auch in ihm, und sie beeinflussten sein gesamtes weiteres Leben. Sie bestanden darin, dass ihn die unsichtbare Welt, die Welt der Rätsel, die Welt der Gefühle und die Welt der Gedanken immer stärker anzog. Er begriff immer mehr, dass der Mensch nicht nur ein Wesen mit zwei Beinen, zwei Armen und einem Kopf darstellt, sondern einen unbegrenzten Aktionsraum.

In seinen Studienjahren betrieb er Autosuggestion, um sich innerhalb einer minimalen Zeitspanne maximal regenerieren zu können. Wir alle wissen, dass keine Nacht wie die andere ist, und dass die vollwertige Erholung nicht immer von der Dauer des Schlafs abhängt. Als Mahatma Gandhi gefragt wurde, wie viele Stunden ein Mensch pro Tag schlafen soll, antwortete dieser: »So zwischen zwölf und zwei Stunden.«

Und diese erstaunliche Antwort wird verständlich, wenn man den meditativen Schlaf mit einem Schlaf vergleicht, der von unruhigen Träumen geprägt ist.

Warum ist das so? Heutzutage gibt es in der Welt, vor allem in den westlichen Ländern, viele Schlaflabors, aber sie liefern nicht immer eine erschöpfende Antwort, da man dort versucht, das Problem nur anhand der Reaktionen elektronischer Sensoren und Geräte zu analysieren. Im Osten jedoch hat man sich bereits vor langer Zeit mit diesem Thema gründlich befasst, ausgehend von Gefühlen, Gedanken und Beobachtungen an sich selbst oder an einem Versuchspartner, wobei man die Gefühle und Gedanken der anderen beherrschte.

Träume und ihre Bedeutung

Alle Träume lassen sich in drei große Kategorien unterteilen, und zwar:

a) Träume, die die Eindrücke des Tages fortsetzen, wobei das Gehirn automatisch weiterarbeitet. Dabei erinnert es sich an den durchlebten Tag und spielt unterschiedliche Varianten der erlebten Ereignisse durch, wobei es die unterschiedlichen Varianten analysiert.

b) Farbige Träume der Prophezeiung. Sie können eine kurze Vorhersage beinhalten. Das bedeutet, dass das Vorhergesagte in den nächsten Tagen oder gleich am nächsten Tag eintritt.

c) Träume in schwarz-weiß kommen von jenseitigen Geistwesen, da es in der jenseitigen Welt keine Farbe gibt. Diese Träume haben keinerlei Bedeutung für das reale Leben. Daher muss ihnen keine Beachtung geschenkt werden.

In den meisten Fällen sind es Träume von Larvae, Totengeistern, die wollen, dass Sie in dieser Welt noch etwas umsetzen, was ihnen zu Lebzeiten nicht gelungen ist.

Zum Beispiel: Ein Verstorbener, der zu Lebzeiten geraucht hat, bringt Sie in ein Restaurant oder Café, wo alle rauchen. Oder arme Yogis wundern sich darüber, wie Sie leben, obwohl es nichts Besonderes in Ihrem Leben gibt. Es handelt sich um arme Geister von Verstorbenen, die gestorben sind, ohne ihre Träume auf der Erde verwirklicht zu haben. Solche neiderfüllten Totengeister gibt es im Jenseits in großer Anzahl, und sie finden immer einen Grund für ihr Treiben.

Ich möchte ein paar Beispiele aus meinem eigenen Leben anführen:

So erschreckte mich als Kind ständig jemand im Traum. Eine alte Frau, die schrecklich aussah, erschreckte mich immer im Hauseingang. Sie verfolgte mich ständig, und wenn ich bis in die oberste Etage gerannt war, näherte sie sich mir mit einer furchtbaren Grimasse. In diesem Moment wachte ich immer auf.

Eine andere Art der Träume sind solche, die Ereignisse vorhersagen, die am darauffolgenden Tag eintreten.

Eines Tages traf ich im Traum eine Bekannte, ein nettes Mädchen, die Tochter meiner ehemaligen Lehrerin, auf einer der zentralen Straßen der Stadt. Im Gespräch mit ihr bummelte ich bis zu einer Straßenkreuzung, wo ich einen anderen Bekannten erblickte, den ich schon drei Jahre lang nicht gesehen hatte. Ich maß diesem Traum keine besondere Bedeutung bei und vergaß ihn nach dem Aufwachen, ohne mich im Laufe des Tages an ihn zu erinnern. Während ich normalerweise die Hauptstraße entlangging, bog ich an diesem Tag spontan in eine Seitenstraße ab, die an einem Park und einer Bibliothek vorbeiführt. Und plötzlich sah ich Loren, die vor mir lief. Ich wunderte mich sehr und ging ein Stück mit ihr, wobei wir uns unterhielten. Ich wunderte mich darüber, dass ich nichts Besonderes geplant hatte, nicht einmal die Route meines Spaziergangs. Und da fiel mir der Traum ein. Loren und ich näherten uns gerade der Kreuzung mit der anderen Straße.

In Erinnerung an den Traum musste ich furchtbar lachen. Jetzt fehlt nur noch, dass ich Mike treffe, dachte ich, den ich schon drei Jahre nicht mehr gesehen hatte. Und wenn das dann noch an der Kreuzung geschieht, dann heißt das, dass Träume wirklich eintreten.

Und wie groß war mein Erstaunen, dass genau das passierte. Ich verabschiedete mich rasch von Loren und hakte unsere Begegnung ab, um mich auf die nächste vorzubereiten. Ich bog um die nächste Ecke und vor mir stand der Dicke, wie ich ihn insgeheim nannte. Ein Lächeln machte sich auf meinem Gesicht breit. Und er sah mich und sagte:

»Was lachst du so, Langer, sag lieber, wie es dir geht.«

»So lala,« antwortete ich.

»Arbeitest du noch im selben Betrieb?«

»Ja, noch immer!«

Und nach einem kurzen belanglosen Plausch gingen wir auseinander.

Für mich war die Hauptsache, dass alles exakt so abgelaufen war, wie ich es im Traum gesehen hatte, und sogar der Ort des Geschehens stimmte. Heute ist das für viele wahrscheinlich nicht erstaunlich. Aber ich freute mich damals darüber, da ich an die Gesetzmäßigkeit von Ort und Zeit sowie an die Verbindung der geistigen und der materiellen Welt glaubte.

Eines Tages arbeitete ich in der Dispatchingzentrale eines großen Maschinenbauunternehmens. Ich hatte Nachtdienst und war eingenickt, da es kaum Telefonanrufe gab und die wichtigsten Informationen zum Versand der Fertigerzeugnisse, der Eingang von Ersatzteilen und die Belastung von Waggons erfasst waren. Um drei Uhr nachts konnte man sich etwas ausruhen, da die Hauptarbeit tagsüber stattfand. Und nachdem die gesamte Geschäftsführung nach Hause gefahren war, fühlte ich mich nicht nur als Direktor eines Unternehmens von 350.000 Arbeitern und Angestellten, sondern auch als Gott oder, genauer gesagt, als Herrscher über einen kleinen Staat. Für den Geist war das jedoch zu wenig. Deshalb hatte ich üblicherweise ein oder zwei kleine Bücher über Philosophie bzw. das geistige Leben in meinem Schreibtisch, zumal ich mich gerade auf das philosophische Alter, nämlich 28 Jahre, zubewegte. Die Arbeit war nicht mehr anstrengend, wenn man sie kannte und beherrschte. Man musste jedoch häufig telefonische Anweisungen geben oder den Kontakt zur Unternehmensführung herstellen, kurz gesagt, die Arbeit war vor allem koordinierender Natur mit rein industrieller Ausrichtung. Meine Seele aber verlangte nach etwas Phantasie und Märchen. Zu dieser Zeit hatte ich schon die ersten Schritte im Heilen unternommen, wobei ich nicht nur fremde Menschen studierte, sondern auch meine eigenen Fähigkeiten erprobte.

Ihnen ist sicher bekannt, dass Entdeckungen bezüglich der eigenen Person zuweilen spontan und zu einem unerwarteten Zeitpunkt und an einem unerwarteten Ort geschehen. Als ich in meinem Bürostuhl eingenickt war, träumte ich, dass ich durch eine Stadt ging. Es handelte sich wohl um eine Stadt im Westen, denn ich sah eine grün angestrahlte Kapelle, wie es sie bei uns nicht gab. Dann bummelte ich auf einer sehr sauberen, eleganten Straße mit riesigen Schaufenstern. Ich betrachtete lediglich die Schaufenster. In einem fiel mein

Blick auf eine gelbe Jacke mit schwarzem Preisschild. Sogar den Preis darauf konnte ich mir merken – 346. Aber in welcher Währung? Das war unklar. Und wenn ich damals schon gewusst hätte, dass es greifbare Träume gibt, dann hätte ich die Passanten gefragt, wo ich mich befinde, oder ich hätte versucht, über die Währung herauszufinden, in welchem Land ich bin. Leider war aber keine Menschenseele unterwegs. Es war wohl drei Uhr nachts, so wie bei mir im Büro, als ich eingeschlafen war. Ein Telefonanruf weckte mich.

Als ich später die skandinavischen Länder bereiste, ging ich eines Nachts mit einem Bekannten durch die Straßen. Plötzlich hatte ich das Gefühl, schon einmal dort gewesen zu sein. Ich sagte zu meinem Bekannten:

»Hör mal, ich war schon einmal hier«, worauf er mit Skepsis antwortete: »Du bist zum ersten Mal in diesem Land und in dieser Stadt, und überhaupt hast du zu viel Phantasie.«

»Ich war definitiv schon hier, und diese grün angestrahlte Kapelle habe ich schon vor vier Jahren gesehen.«

»Ach, du lügst doch, lass uns lieber etwas zu essen kaufen.«

Das brachte mich auf die Palme. Ich soll gelogen haben!

»Geh jetzt bis zur nächsten Ecke und schau dir das Schaufenster um die Ecke an. Ich bleibe derweil hier stehen.«

»Nun, was soll das?«

»Dort müsste eine gelbe Jacke ausgestellt sein.«

»Woher willst du das denn wissen, wir sind hier zum ersten Mal, und dort« – dabei zeigte er auf die vor uns liegende Ecke – »waren wir überhaupt noch nicht.«

»Geh einfach weiter, ohne nachzudenken. Ich bleibe hier stehen. Ich werde nicht weitergehen, und du wirst mir sagen, was du dort siehst.«

Daraufhin ging er schweigend weiter, wobei er sich nach allen Seiten umsah.

»Träume nicht vor dich hin, sondern geh zur nächsten Ecke«, rief ich ihm nach.

Nachdem er die Ecke erreicht hatte, schaute er in das Schaufenster. Er blieb schweigend stehen und schaute in meine Richtung.

»Nun sag schon!«, rief ich.

Er schwieg! Dann rief er: »Du bist hier schon einmal gewesen.«

»Wann denn? Ich bin hier genauso zum ersten Mal wie du. Hör zu! Jetzt sage ich dir, wie viel sie kostet.«

Er war verblüfft und fragte nach, um welches Teil es sich drehte.

»Na, diese gelbe Jacke!«

»Natürlich warst du schon hier.«

»Nein, sag lieber, ob sie wirklich dort hängt.«

Ein zufällig vorbeikommender Passant hätte uns bestimmt für zwei merkwürdige Typen gehalten, als wir so 30 Meter voneinander entfernt standen und uns in einer unverständlichen Sprache Dinge zuriefen.

Er schaute wieder in das Schaufenster, das ich nicht sehen konnte, weil es um die Ecke lag.

»346 Mark«, rief ich über die ganze Straße.

Daraufhin sagte er nichts mehr. Er maß dem Vorfall keine weitere Bedeutung bei, da ich ihm nichts von dem Traum erzählt hatte.

Langsam näherte ich mich der Straßenecke. Mein Herz klopfte, als ob ich zum ersten Rendezvous ginge und ich nicht 33, sondern 17 Jahre alt wäre.

Es ging natürlich nicht um die Jacke. Ich hatte gar nicht vor, sie zu kaufen, zumal sie für mich sowieso zu teuer war. Aber wie Sie wissen, verlangen der Verstand und die Logik immer nach logischen Erklärungen.

Als ich zur Ecke bog, blieb ich wie angewurzelt stehen: Alles war genauso, wie ich es im Traum gesehen hatte, einschließlich des schwarzen Preisschilds an der Jacke mit der Zahl 346. Ich warf noch einmal einen Blick auf die grün angestrahlte Kapelle und das Schaufenster mit der Jacke.

Später begann mein logisches Bewusstsein, d.h. mein Verstand, mir Fragen zu stellen und mir einzureden, dass so etwas nicht geschehen konnte! Dass es einfach unmöglich war, da das Warensortiment jedes Jahr oder sogar halbjährlich wechselt und keinesfalls ein und dieselbe Ware zwei oder drei Jahre mit ein und demselben Preis in ein und demselben Geschäft hängt.

Als ich den Traum im Büro hatte, war die Jacke bestimmt noch nicht einmal genäht und hing erst recht nicht im Schaufenster. Ganz zu schweigen von dem Preis in Höhe von 346. Bereits damals machte ich mir Gedanken über die Zeit und über die Verbindung zwischen der Vergangenheit und der Zukunft.

In meiner Jugend habe ich ungern Science Fiction gelesen. Ich war immer skeptisch gegenüber Menschen, die Science-Fiction-Bücher lasen oder sich Science-Fiction-Filme anschauten, da dort nicht die reale Welt gezeigt wird. Und hier begannen sich meine Vorstellungen von der Realität und der Irrealität anzunähern, als ob sie miteinander um die Logik ringen würden.

Und unbewusst gelangte er zu den Ergebnissen solcher Phänomene, aber erst später entwickelte er sie weiter. Am meisten interessierten ihn die Natur und die von äußeren Objekten ausgelösten Empfindungen. Zu der Zeit hatte er bereits damit begonnen, den Menschen eine gewisse Hilfe zu leisten, zum Beispiel in Form von Schmerzlinderung und Entspannung. Ihm wurde klar, dass dies über die feinstofflichen Körper und das Bewusstsein des Patienten geschah und nicht durch einfache Berührung. Häufig verspürte er Dankbarkeit und Respekt seitens der Menschen, und er hielt seine Betätigung für seine wichtigste Aufgabe. Er bemerkte, dass der Mensch durch sein Bewusstsein und dank eines speziellen Trainings sich nicht nur selbst therapieren, sondern auch revitalisieren und sogar verjüngen kann, denn die Gedanken bilden das unsichtbare Gewebe des Körpers, und der Körper ist die sichtbare Materie der Gedanken.

Oft kann man anhand des Gesichtsausdrucks und der Mimik erkennen, wie ein Mensch sich ernährt und wie seine Lebensweise aussieht. Man kann seine Bestrebungen, seine Denkweise und seine charakterlichen Neigungen erkennen.

Es machte ihm Freude, Menschen gründlich zu studieren, anfangs zumindest äußerlich, obwohl er dabei schon – ohne dies selbst wahrzunehmen – damit begann, in die Seele vorzudringen und mit ihr zu kommunizieren, d.h. Kontakt aufzunehmen.

Ihn faszinierten immer einfache und effektive Methoden der Energiearbeit, egal ob es sich um das energetische Informationsfeld von Menschen, Tieren, Gegenständen oder Pflanzen handelte. Er liebte sehr Wasser, Luft und Feuer, Letzteres in seiner positiven Ausprägung (Kamin, Ofen, Lagerfeuer). Wasser bedeutete Reinheit, Luft Leichtigkeit und Feuer Wärme, Gemütlichkeit, Behaglichkeit und Energieaufladung.

Diese drei Elemente konnte er auch beim Menschen feststellen, dem Hauptgegenstand seiner Tätigkeit, und sie bilden die Grundlagen des Lebens auf der Erde.

Als er zum ersten Mal die Aura eines Menschen wahrnahm, wunderte er sich sehr darüber, wie schnell und leicht sie sich verändern lässt. Man muss allerdings die Technik der Aura-Arbeit beherrschen, die nicht eindimensional, sondern vielseitig ist. Die Technik hat nicht nur mit dem Energiefeld des Menschen zu tun, sondern auch mit seinem Bewusstsein. Oder wie es in den alten Schriften hieß: Shiva und Shakti, wobei Shiva das Bewusstsein ist und Shakti die Energie.

Ohne Bewusstsein ist keine Energiesteuerung möglich, und ohne Energie kann das Bewusstsein nicht existieren. So gelangt man zu dem von alters her bekannten Axiom, dass es sich um zwei Seiten einer Medaille handelt.

Das Bewusstsein kann durch einen Energiemangel gestört werden. Andererseits kann die Energie in eine falsche oder zerstörerische Richtung geleitet werden, wenn es einen Mangel an Bewusstsein gibt. Es kommt also darauf an, wie die Energie genutzt wird.

Eines Tages kam er im Rahmen seiner beruflichen Tätigkeit in ein Buchhaltungsbüro einer bestimmten Unternehmenseinheit.

»Oh, wer lässt sich denn da bei uns blicken?«, fragten die Buchhalterinnen.

Woraufhin er erwiderte:

»Der Chef hat mir aufgetragen, bestimmte Berichtigungsunterlagen zu holen.«

»Wir lassen dich nicht mehr so einfach gehen! Schau mal, die eine Kollegin fühlt sich sehr schlecht. Befreie sie doch wenigstens von ihren Schmerzen!«

Er sah das blasse Gesicht einer der Mitarbeiterinnen, die an ihrem Schreibtisch saß.

»Sie kann nicht einmal aufstehen vor Schmerzen im Oberbauch.«

»Ja, ich komme gleich wieder. Ich bringe nur zuerst die Formulare weg«, antwortete er und schickte der Frau einen Blick der Erleichterung.

Wie groß aber war seine Verwunderung, als er das Gebäude verließ und sich in das Auto setzte und dabei sämtliche Symptome dieser Frau am eigenen Leib spürte. Und er dachte sich, dass man von so einem Schmerz nicht nur blass wird, sondern auch unfähig, ein Wort herauszubringen.

Wie hätte er damals, vor 30 Jahren ahnen können, dass dies seine erste Fernheilung war.

Zurück in seinem Arbeitszimmer setzte er sich bequem auf seinen Bürostuhl und ging im Geiste die schmerzenden Stellen der Frau durch. Dabei bemerkte er, dass in einem Rippenbogenbereich der Schmerz verschwunden war und die Frau freier atmen konnte, während er im anderen noch vorhanden war, aber nicht mehr so heftig. Da läutete das Telefon.

»Ja«, meldete er sich.

Er vernahm eine bekannte Stimme.

»Oh, Sascha! Was ich dir zu erzählen habe!«, rief sie voller Begeisterung.

»Jetzt habe ich zuerst etwas zu sagen«, erwiderte er. »Im linken Oberbauchbereich ist der Schmerz verschwunden, während rechts noch ein schwacher, stumpfer Schmerz zu spüren ist.

Aber auch der wird bald verschwinden. Versuche aufzustehen und durchzuatmen!«

Dieser Vorfall hat bestätigt, dass wir alle miteinander verbunden sind, und zwar nicht nur dann, wenn wir einander umarmen oder uns gegenseitig die Hand drücken.

Später fand er Gefallen daran, das Wetter in einem begrenzten Gebiet zu beeinflussen, indem er sonnige Tage oder Regen hervorrief, den Wind stoppte oder lediglich eine friedliche Atmosphäre hervorrief.

Eines Tages rief eine Frau an und fragte am Telefon:

»Könnten Sie nicht dem Hund helfen?«

»Welchem Hund denn?«, fragte er.

»Unserem.«

»Und wie alt ist der Hund?«

»Oh, er ist schon ein ziemlich alter Rüde, 13 Jahre alt.«

»Gut, ich kann nichts garantieren, aber versuchen kann man es ja mal.«

Als er die Wohnung betrat, wurde er von einer gutmütigen Frau begrüßt.

»Ach, wissen Sie, unser Churchill« – so hieß der Hund, eine französische Bulldogge – »muss häufig husten und wird sogar manchmal ohmmächtig.«

»Ohnmächtig?«, fragte er ungläubig. »Ich habe noch nie gehört, dass Hunde in Ohnmacht fallen, normalerweise passiert das nur Menschen!«

»Übrigens, unser Churchill akzeptiert nur mich als Besitzerin und noch einigermaßen meine Tochter. Aber gegenüber meinem Mann verhält er sich manchmal aggressiv, und generell mag er keine Fremden. Seien Sie daher vorsichtig.«

Er schaute die Bulldogge an, die wiederum ihn vorsichtig begutachtete.

Wahrscheinlich bereitet er sich darauf vor, mich anzugreifen, dachte er und machte keine Anstalten, sich dem Hund zu nähern.

Kurz darauf zeigte er der Bulldogge den Platz neben sich auf dem Sofa, und der Hund sprang lautlos auf das Sofa und legte sich neben ihn.

»Oh, wie interessant!«, sagte die Frau.

»Können wir bei der Behandlung anwesend sein?«, fragte sie lächelnd.

»Ja, aber bitte sprechen Sie nicht laut und lachen Sie nicht.«

Er sprach leise den Namen des Hundes aus, und Churchill blickte auf und schaute ihn an. Dann legte er seine Hand leicht auf den Nackenbereich von Churchill, der Hund wurde ganz ruhig und schlief dann ein.

Nach einigen Minuten verließ er die Wohnung.

Am nächsten Tag rief die Frau an und sagte, Churchill habe wie tot zwölf Stunden geschlafen, ohne etwas zu fressen.

Auch Hunde können also zwischen zwei und zwölf Stunden schlafen. Alles hängt vom Bedürfnis der Seele ab. Wenn ein Mensch schläft, ist er mit den kosmischen Energien verbunden, und wenn er isst, dann nur mit den Energien der Erde. Und wenn der Mensch sich nur Gedanken über die Erde macht, ist er nur mit der Erde verbunden und mit der sogenannten Zeit, denn die Zeit ist nichts anderes als die Rotation der Erde um ihre eigene Achse und um die Sonne.

Und worüber machen Sie sich Gedanken, liebe Leserinnen und Leser?

Es gibt auf der Erde ein besonders altes Gebirge. Es ist zwar nicht so hoch wie die Alpen oder der Himalaya, aber sehr reich an Bodenschätzen und Edelsteinen. Der größte Reichtum aber sind die dort lebenden Menschen und die endlosen Kiefern- und sonstigen Nadelwälder. Überhaupt hatte er nie etwas Ähnliches wie die Kiefernwälder im Südural gesehen, obwohl es auch in anderen Ländern Kiefern und Tannen in großer Anzahl gibt. In Skandinavien zum Beispiel, in Finnland oder Schweden, gibt es Tannen. Sie haben einen leicht feuchten Stamm, und es ist nicht besonders angenehm, sich mit dem ganzen Körper an diese Bäume zu lehnen. Im Südural jedoch ist die Rinde trocken und energetisch sehr angenehm und stark. Er bemerkte auch, dass man mit einer guten Kiefer nicht länger als 15 Minuten arbeiten sollte, da man ansonsten unter dem Einfluss der starken Energie des Stammes starkes Herzklopfen bekommt.

Eines Tages spielte er mit Freunden Domino in einem Kiefernwald, wo sich am Ufer eines schönen Sees ein Studentenlager befand. Als er eine kurze Pause einlegte, um etwas herumzulaufen, hörte er plötzlich eine Frauenstimme:

»Stjopa, Stjopa.«

Was für ein Stjopa?, dachte er, aber dann bemerkte er, dass in der Nähe eine Frau stand – es war die Buchhalterin des Campingplatzes – und vor sich hin sprach. Das sah so natürlich aus, dass man den Eindruck gewinnen konnte, als ob sie mit den Büschen spricht. Da sein Interesse geweckt war, ging er zu ihr hin und fragte:

»Mit wem sprechen Sie denn, es ist ja niemand da?«

Die Frau wirkte sehr traurig und erklärte, dass ihr geliebter Kater Stjopa am Sterben war. Und da erblickte er einen schwarz-weißen Kater, der neben einem Strauch mit dem Rücken zu ihm und seinem Besitzerin saß.

»Was ist mit dem Kater?«, fragte er.

»Er hat sich mit einem anderen Kater wegen Maschka gerauft, die auch bei mir lebt. Sein Ohr ist eingerissen und die Nase verletzt, und er hat schon seit zwei Tagen nichts gefressen«, sagte sie. »Ich habe ihm spezielle Tabletten gegeben, die er aber sofort ausgespuckt hat. Es ist so traurig. Wahrscheinlich stirbt er bald. Er ist ein so guter Kater.«

Der Kater saß nach wie vor unbeweglich mit dem Rücken zu seiner Besitzerin und reagierte nicht auf ihr Wehklagen. Daraufhin sagte er:

»Schweigen Sie bitte ein paar Minuten. Ich werde versuchen, Ihrem Kater zu helfen.«

»Das ist wahrscheinlich zwecklos. Er reagiert schon auf niemanden mehr, nicht einmal auf mich«, antwortete die Besitzerin.

Er fing an, in Kopf und Hals des Katers zu schauen. Nach einigen Sekunden drehte der Kater seinen Kopf und wandte sich dann wieder ab. Dann drehte er ihn wieder um und ihre Blicke trafen sich. Dann drehte sich der Kater langsam zu ihm um.

»Unglaublich!«, rief die Frau aus.

Die Katze wirkte gequält und innerlich sehr angespannt. Als Alexander im Geiste den Bauch des Katers auf und ab massierte, fühlte er plötzlich einen schneidenden Schmerz im Magen. Der Abstand zwischen ihm und dem Kater betrug ungefähr zwei Meter. Die Katze blickte ihn aufmerksam an.

»Stjopa, Stjopa«, begann die Besitzerin wieder.

»Er schaut mich nicht einmal an, er schaut nur Sie an, wie verzaubert.«

Da hörte er seine Kumpels rufen.

»Alex, komm, du bist dran! Bist du bald fertig? Wir warten auf dich.«

Er fuhr fort, im Geist den Magen des Katers zu reinigen. Der Kater begann zu zucken, als ob er aufstoßen müsste.

»Er hat sich gerührt«, sagte die Frau.

Nach mehreren Zuckungen fiel der Kater wie tot um.

»Er ist bestimmt gestorben«, rief die Frau aus.

»Nein, er ist eingeschlafen. Er hatte starke Schmerzen. Lassen Sie ihn in Ruhe schlafen«, antwortete er und ging zurück, um weiterzuspielen. Aber seine Kumpels hatten schon aufgehört.

In Gedanken war er bereits mit etwas anderem beschäftigt. Nach dem Abendessen ging er mit seinen Freunden im See schwimmen. Auf dem Rückweg begegnete ihm die Buchhalterin. Sie teilte ihm begeistert mit, dass der Kater vier Stunden lang fest geschlafen hatte, danach selbst nach Hause gekommen war, wo er die Futterportion von Maschka gefressen hatte. Danach hatte er sich das Maul geleckt und miaut.

»Stjopa hat eigenständig gefressen. Ich musste ihn nicht dazu zwingen. Danach miaute er, richtete seinen Schwanz auf und zog los.«

Das war eine seiner ersten Erfahrungen bei der Arbeit mit Tieren. Er arbeitete auch mit Fischen und Fröschen, aber dem könnte man ein gesondertes Kapitel widmen.

Der Mensch und die Jugend

Alle Menschen auf der Welt wollen ihre Jugend bewahren, vor allem in den westlichen Ländern, und das zumindest äußerlich. Im Westen herrscht ein Jugendkult, aber leider dominiert häufig das Bestreben, das jugendliche Aussehen zu bewahren. Es kann sich auch um jugendliche Kleidung handeln, die von älteren Menschen getragen wird, oder Schönheitsoperationen am Gesicht und am Körper. Gesicht und Körper werden als Visitenkarte angesehen und sollen deshalb jung aussehen.

Es kann jedoch auch um Attribute des Lebensstils gehen, zum Beispiel Sport, wobei elitäre Sportarten wie Tennis oder Reiten ausgeübt werden. Warum? Wenn man jung wirkt, kann man leichter kommunizieren, und es ist einfacher, Liebe und Freundschaft zu finden oder geschäftlichen Erfolg zu haben.

Es gibt verschiedene Quellen der Jugend und eine ganze Reihe von Sprichwörtern und Redensarten wie zum Beispiel:

- Das Alter existiert überhaupt nicht.

- Der Mensch beginnt seine Jahre zu zählen, wenn es schon nichts mehr zu zählen gibt.

- Der Mensch ist so jung, wie er aussieht.

- Alter ist nur eine Zahl.

Viele fangen an, sich wie in der Kindheit oder Pubertät zu benehmen, was teilweise sogar die eigenen Kinder irritiert.

Das soll keine Kritik an den Erwachsenen sein. Es sei nur festgestellt, dass sowohl erwachsene als auch alte Menschen zumindest in Gedanken ihren besten Jahren verhaftet sind, und das sind in der Regel nun einmal die Jahre der Jugend, auch wenn diese vielleicht unter schwierigen Bedingungen verlaufen sind. So erinnern sich ehemalige Frontkämpfer und Kriegsveteranen immer wieder an den Krieg, egal in welchem Land sie leben, ob in Amerika, Deutschland oder Russland.

Das macht mich nachdenklich. Wie kann das sein, es waren doch schwere, unerträgliche Bedingungen, Dreck, Tod ...

Das hat damit zu tun, dass in der Jugend alles intensiver empfunden wird und es an Lebenserfahrung fehlt. Außerdem bedeutet Jugend auch Liebe. Die erste, zweite, dritte, die leidenschaftliche oder unverstandene Liebe.

Wenn er sich daran erinnerte, erkannte er, dass diese Zeit zwar interessant, aber schon lange vorbei war. Er spürte die Veränderung in seinem Bewusstsein und die Erfahrung, die er bei der Arbeit mit Menschen gesammelt hatte.

Inzwischen sind diese Dinge für Heilpraktiker bereits gewöhnlich. Aber damals galt das als etwas Neues, dem man mit Misstrauen gegenüberstand. Jeder Mensch glaubt an das Beste in seinem Leben, aber nur wenige wissen, was das Beste ist und wie man es schafft, trotz Hindernissen und gesellschaftlichen Barrieren, trotz Konsumverhalten und trotz des sogenannten wissenschaftlichen Blicks auf das Leben dorthin zu gelangen.

Und das Leben ging weiter seinen Gang. Es war nicht das Labor mit Reagenzgläsern, das man in Filmen zeigt. Die Menschen, die sich automatisch auf seinen Rhythmus einließen, vergaßen oft, wer sie sind und wozu sie da sind. Vielleicht ist das auch besser so, sagten sie sich. Wozu soll man sich unnötig Gedanken machen, es ist besser nach dem Grundsatz zu leben: »Ein Tag und eine Nacht, und wieder ist ein Tag vorbei.«

Ihm selbst erschien das Leben erstaunlich, interessant und vielfältig, sodass es ihn immer nach etwas Neuem drängte, obwohl alle Kontinente bereits entdeckt waren und fast die gesamte Mendelejewsche Tabelle ausgefüllt war.

Das Leben bot ihm immer neue erstaunliche Momente, und er lernte aufmerksam zu sein und auch in scheinbar unbedeutenden Momenten konnte er etwas Neues entdecken. Später schrieb er auf einen Zettel: Gott gab dem Menschen Kraft durch die Nase in Form der Atmung und des Geruchssinns, was er auch in der Bibel las.

Das Interesse am Jetzt ist von großer Bedeutung. Er erkannte immer mehr und mehr die Bedeutung von Worten und ihre Ähnlichkeit, auch wenn es sich um Worte aus verschiedenen Sprachgruppen handelte: Latein, Kyrillisch (Slawisch), und er stellte häufig fest, dass sie die gleiche Bedeutung haben.

Er verstand immer besser die Bedeutung der Bibelworte: »Im Anfang war das Wort, und das Wort war bei Gott, und Gott war das Wort.« Er hat das in einem von seinen Gedichten ergänzt: »Am Anfang war das Wort, am Ende bleibt nur die Liebe.«

Ein Wort hat eine Bedeutung, die auch bestimmte Gefühle beinhaltet. Es hat nicht nur eine Bedeutung, sondern auch eine bestimmte Schwingung, was nicht unwichtig ist, da die gesamte Welt, von den kleinsten Teilchen, über den Menschen bis hin zu den großen Galaxien mit zahlreichen Planeten aus Schwingungen bestehen.

Was aber ist nun Jugend?

Vielleicht nur ein wunderbares Lächeln? Aber das ist flüchtig, werden Sie einwenden.

Geht es eher um die Jugend des Körpers oder der Seele?

Eine interessante Frage.

– Warum überhaupt Jugend? Warum nicht einfach Respekt?

– Das ist auch richtig.

– Manche Menschen haben im Alter noch immer eine junge Stimme!

– Eine junge Stimme zeugt von der Freude der Seele!

– Jugend ist Freude und geistige Freiheit.

– Da kommen Sie der Sache schon näher. Welche Vorschläge gibt es noch, meine Damen und Herren? Beteiligen Sie sich an unserer Diskussion! Schließlich wollen Sie ja alle jung werden!

– Das wollen wir schon nicht mehr, nachdem Sie so viel zu diesem Thema gesagt haben!

Als ich noch in die Schule ging, traf ich auf der Straße eine Englischlehrerin. Sie war die Mutter eines meiner Bekannten. Ich war erstaunt, wie jung sie aussah. Ich sagte ihr, dass sie heute sehr gut aussähe, frisch und sogar verjüngt, woraufhin sie antwortete:

»Ich habe nur endlich einmal richtig ausgeschlafen.«

Sie haben sicher alle verstanden, worum es geht. Sie hatte gut ausgeschlafen. Das bedeutet, dass sie alle zeitlichen Rahmen überschritten hatte, die der Rotation der Erde um ihre eigene Achse und um die Sonne entsprechen.

Wenn ein Mensch tief schläft oder sich in Trance ist, befindet er sich nicht auf der Erde.

– Verwundert Sie das?

– Ein wenig – werden Sie sagen.

– Der Körper – ja –, aber was ist mit der Seele?

– Wenn Sie denken, wo befinden Sie sich dann?

– An dem Ort, an den ich denke!

– Richtig!

– Und wenn Sie nicht nachdenken, wo sind Sie dann?

– In diesem Fall hat das »wo« vor allem Bezug zur Erde, und die Erde ist Zeit.

– Wenn Sie schlafen, überschreiten Sie die Grenzen der Zeit und kommen in Berührung mit der Ewigkeit.

– Aber es gibt doch verschiedene Arten von Schlaf – wenden Sie ein.

– Ja, Sie haben recht, es gibt verschiedene Arten von Schlaf. Es gibt Schlaf als Fortsetzung des Tages, wobei das Gehirn angestrengt weiterarbeitet und das Tagesgeschehen analysiert. Eine ähnliche Analyse führt der Geist auch vor dem Tod durch, allerdings nicht bezogen auf einen Tag, sondern auf das ganze Leben. Viele Menschen berichten, dass ihr ganzes Leben noch einmal wie im Film abläuft. In Indien bezeichnet man das als Akasha-Chronik.

Das Leben als Programm

Wissenschaftler in Russland haben schon vor langer Zeit festgestellt, dass Menschen, die in der Nähe einer Kirche wohnen, sich viel gesünder und frischer fühlen. Damals erklärten viele dieses Phänomen mit dem Glauben an Gott, was auch zutrifft.

Aber die Wissenschaftler haben noch einen anderen positiven Auslöser gefunden.

Und zwar erzeugt der Glockenklang positive Vibrationen mit einer bestimmten Wellenlänge, was einen günstigen Einfluss auf den menschlichen Körper hat.

Und was kann man da erst von einem Wort oder einer noch feinstofflicheren Substanz – einem Gedanken oder Musik – sagen.

Betrachten wir einmal die Substanz Musik. Sie ist zwar nicht der Träger von vitalen Informationen, löst aber dennoch je nach Art der Musik oder dem Rhythmus unterschiedliche Gefühle aus.

Das gesamte Leben eines Menschen ist ein bestimmter Rhythmus bzw. ein Programm mit der ein oder anderen Veränderung.

Und wenn die Menschen sich mit diesem Thema aufmerksamer auseinandersetzen würden, anstatt so viele materielle Güter wie möglich um sich herum anzusammeln, könnte man viele Konflikte in der Welt vermeiden, sowohl auf regionaler als auch auf internationaler Ebene.

Das Leben
und die menschlichen Vibrationen

Er trat immer mehr in Verbindung mit der Natur und spürte ihre geringsten Veränderungen, und es gelang ihm sogar, diese etwas zu steuern, d.h., er beobachtete in mehreren Situationen, dass er das Wetter steuern konnte, indem er entweder Regen oder Sonnenschein auslöste.

Im Altertum beherrschten Priester und Kultdiener in verschiedenen Ländern diese Kunst, aber in der modernen Gesellschaft ist das fast in Vergessenheit geraten, und alle setzen auf die zahllosen Umweltschutzkongresse, die außer Nahrung für die Presse praktisch nichts bringen.

Manchmal erfasst ihn Stolz darauf, dass er als kleiner Mensch in der Lage war, das Wetter in einem großen Gebiet der Erde zu ändern. Aber er ließ fast niemanden daran teilhaben, da die Menschen sowieso nicht an diese Dinge glauben. Und selbst wenn man ihnen einen Beweis liefert, führen sie es üblicherweise auf einen Zufall zurück.

Dabei hat sogar die moderne Wissenschaft schon nachgewiesen, dass es eine Verbindung zwischen Menschen und Pflanzen sowie Tieren gibt.

Die moderne Wissenschaft, so wie sie vorwiegend im Westen praktiziert wird, kann nur Nachweise mit Hilfe von Messgeräten erbringen. Aber der Mensch mit seiner Sensibilität ist wesentlich mehr, und sein Messspektrum ist wesentlich größer als das der von ihm geschaffenen elektrischen bzw. elektronischen Geräte, da er der Vater der

Technik ist und nicht die Technik Mutter und Vater des Menschen.

Man hat in der ganzen Welt noch keinen Menschen gefunden, den man am Fließband oder einer technischen Fertigungsstraße nachbauen und montieren könnte, egal wie perfekt die Technik wäre.

Viele Phänomene, die ihm bisweilen begegneten, übertrafen seine Erwartungen und schienen fast unerklärlich zu sein, aber das veranlasste ihn nicht nur dazu, sich noch gründlichere Gedanken über die Welt zu machen, sondern brachte auch Freude in sein Leben.

Er empfand dieses Geheimnisvolle und die Lebensfreude besonders deutlich, wenn das Leben um ihn herum genauso gewöhnlich verlief wie immer, aber eben nur auf den ersten Blick. Und er fühlte, dass die Zeit sämtliche alten Postulate verändert und ständig etwas Neues bringt. Dieses Neue macht sich vor allem im Menschen bemerkbar. Allerdings bemerken das die meisten Menschen nicht, auch wenn sie es bisweilen mit dem Herzen fühlen.

Was das Herz betrifft, so handelt es sich nicht nur um ein physiologisches Organ, wie Sie wissen, das wie eine Pumpe das Blut in Umlauf hält, sondern es ist auch das Astralzentrum für die menschliche Intuition. Daher sagen viele bisweilen: »Ich kann das zwar nicht erklären, aber ich fühle es mit meinem Herzen.«

Das Herz bildet das Zentrum des Vertrauens, das Zentrum des Glücks, das Zentrum der Liebe und der Freundschaft, aber leider haben wir auf dem Planten Erde das in letzter Zeit aus dem Blick verloren aufgrund der Elektronik, der neuen Technologien und neuen Transportmittel, und wir gestalten und propagieren praktisch einen völlig neuen Lebensstil, bei dem für das Herz immer weniger Platz bleibt.

Und wenn Sie mit solchen Dingen Erfahrung haben, können Sie sich die Akasha-Chronik eines Menschen anschauen, der im Sterben liegt oder der gestorben und wieder auferstanden ist.

– Was heißt gestorben? Und wie kann er auferstehen?

– Er ist seelisch gestorben, d.h., er hat sich vom Leben verabschiedet aufgrund der Ausweglosigkeit.

– Aber viele sogenannte unreine Menschen in Indien können mit solchen Dingen spekulieren und sich einen Ruf machen.

– Das ist auch mir passiert. Sie schlagen Ihr sogenanntes Buch des Lebens auf und wühlen mit schmutzigen Fingern darin herum, wobei sie alles Lebende und Tote beleidigen und behaupten, dass sie alles wissen, während Sie nichts wissen.

– Gestatten Sie eine Frage?

– Ja.

– Wie kann man jünger werden?

– Darauf antworte ich gern. Weniger essen und nachdenken und mehr schlafen.

– Und das ist alles?

– Auch Glücklichsein verjüngt, während Unglücklichsein Sie altern lässt. Es gibt noch ein ganzes System von Mediation und Übungen, die die molekulare Struktur des Organismus beeinflussen, die mit dem Geist verbunden ist.

– Und was spielt noch eine Rolle?

– Der Zustand des Geistes und die Ernährung des Körpers bzw. seine Reinigung hängen miteinander zusammen. Der Zustand des Geistes hat eine enorme Bedeutung. Eine zu große geistige Anspannung lässt den Körper altern, denn der Körper ist der sichtbare Geist, und der Geist ist der unsichtbare Körper.

– Natürlich der wichtigste Grund für Jugend ist ein Liebesgefühl.

Bäume

Alles Neue, das er an sich beobachtete, und die Veränderungen in der Natur führten ihn nicht nur zu neuen Entdeckungen, sondern schenkten ihm auch grenzenlose Freude.

Er liebte es, mit Bäumen Energie auszutauschen und er spürte ihre unterschiedliche Energie. Bisweilen sprach er mit ihnen und tauschte einige wunderbare Gedanken aus. Wie in der Physik lassen sich auch die Bäume in unterschiedliche Pole, plus und minus, einteilen. Bäume mit positiver Energie verleihen eine starke Aufladung. Zu diesen Bäumen gehören Kiefern, Eichen, Birken, Kirschbäume und Thuja. Sie haben eine unterschiedliche Energieintensität, und es wäre bei einigen, wie z.B. der Kiefer, nicht empfehlenswert, länger als 15 Minuten mit dem Baum zu arbeiten, da durch die zu starke Ladung Herzklopfen ausgelöst werden kann. Auch die Birke gilt als starker Energiegenerator, aber ihre Energie ist harmonischer und wirkt gleichmäßiger. Nicht umsonst verwendet man seit alters her zum Feuern eines Ofens oder einer Sauna bevorzugt Birkenholz, umso mehr als man die Birkenrinde anstelle von Papier zum Anfeuern benutzen kann. Er mochte sehr den Kirschbaum und hielt ihn für einen der energieintensivsten Bäume. Betrachtet man die innere Struktur eines Kirschbaums, so sieht man, welch hohe Dichte dieser Baum im Inneren hat. Es ist kein Zufall, dass Kirschbaumholz im Altertum und im Mittelalter das teuerste Holz für die Herstellung hochwertiger Möbelstücke war. Das Holz behielt seine Energieladung über viele Jahre und sogar Jahrhunderte. Besonders teuer waren Kleiderschränke, Bücherregale und Betten aus Kirschbaumholz. Sie waren fast unbezahlbar, da jemand, der sich auf ein solches Bett zum Schlafen legt, neue Energie tankt und seine Kräfte regeneriert.

Er glaubte zwar nicht sehr an Horoskope, aber dennoch ist die ganze Welt verbunden, vom Stein über den Baum bis zur Blume, und von der Blume über die Planeten bis zu den Galaxien. Ein sehr energiereicher Baum, der im Osten immer für magisch gehalten wurde, ist die Zeder. Sie vermittelt sehr viel Energie und ist stacheliger als die Kiefer. Man sollte damit vorsichtig sein und nicht übertreiben.

Es gibt auch Bäume mit einer negativen Ladung. Sie wachsen bevorzugt an Gewässern und entlang von Flüssen. Zu den klassischen Vertretern dieser Art gehören die Pappel und die Weide. Auch diese Bäume kann man zu Heilzwecken verwenden. Zum Beispiel wenn jemand erhöhte Temperatur hat, bei einer Entzündung oder bei Krebserkrankungen, wo eine lokale Energieableitung erforderlich ist. Schon in alten Zeiten verwendeten einige Heiler diese Holzarten und legten kleine Stückchen davon auf besonders schmerzende oder entzündete Stellen. Natürlich darf man auch nicht vergessen, den Kastanienbaum zu erwähnen, einen wunderbar harmonischen Generator mit herrlichen Früchten, den Kastanien.

Besonders liebte er einen bestimmten Baum am Rheinufer. Es handelte sich um einen ausladenden Kastanienbaum, in dem im Frühjahr Vögel nisteten. Dieser Baum ist auch auf dem Titelblatt seiner Gedichtsammlung »Von Herz zu Herz« abgebildet.

In seiner Jugend führte er eines Tages ein Experiment mit Tomatensetzlingen durch. Er bat seine Mutter um eine Kiste solcher Setzlinge, um sie mit Energie aufzuladen, woraufhin seine Mutter mit einem Lächeln und Skepsis reagierte und ihn als einen Aufschneider und Fantasten bezeichnete. Er lud die Kiste mit den Setzlingen, die in seinem Zimmer stand, nur einige Tage lang energetisch auf. Nach ein paar Wochen brachte seine Mutter noch eine weitere Kiste mit Setzlingen und bat ihn, auch mit diesen zu arbeiten. Der Unterschied war kolossal. Die Setzlinge, die er zuvor behandelt hatte, waren größer und besser entwickelt als die unbehandelten.

Das Wetter, London

Eines Tages, als er sich für zwei Wochen in einem Vorort von London aufhielt, beschloss seine Gastgeberin, am nächsten Sonntag ein esoterisches Seminar abzuhalten, zu dem sie 20 Personen einladen wollte. Der Wetterbericht sagte jedoch Regen voraus, und sie sagte verärgert, dass das Seminar jetzt wohl im beengten Haus stattfinden müsste anstatt im Garten an der frischen Luft. Worauf er antwortete: »Maria, bereite das Seminar im Garten vor!«

»Und was ist mit dem Regen?«, fragte sie.

»Ich werde ihn vertreiben«, antwortete er lapidar.

Als die Gastgeberin am nächsten Morgen den Garten betrat, sah sie, dass die Sonne schien. Irritiert schaute sie den lächelnden Alexander an und fragte: »Und wo sind die Wolken und der Regen?«

»Dort sind sie, sieh mal in die Ferne und dann wieder hierher, und dann nach rechts und links. Dort siehst du schwarze Regenwolken.«

Maria drehte sich voller Erstaunen um sich herum und bemerkte, dass es in der Ferne vor lauter schwarzen Regenwolken ganz dunkel war und dass nur über ihnen die Sonne wie ein leuchtender Krater schien.

»Nun, dann werde ich jetzt mal hören, was der Wetterbericht sagt«, sagte sie nachdenklich und ging ins Haus, um den Fernseher einzuschalten. Auf dem Bildschirm erschien das lächelnde Gesicht des Sprechers, der den Wetterbericht vorlas.

»Überall regnet es«, sagte er, »in Irland, Schottland und fast überall in England, aber wir in London und in Reading haben Glück, d.h., wir haben wunderbares sonniges Wetter.«

Sie drehte sich verständnislos um.

Alexander stand in der Türöffnung und hatte alles gehört. Er sagte lächelnd:

»Siehst du, Maria, du und London, ihr habt Glück, d.h. gutes Wetter.«

Und jetzt, liebe Leserinnen und Leser, stelle ich Ihnen eine Frage:

Wer ist der Heilige Geist? Und woher kommt er?

Wenn Sie die Antwort auf diese Frage finden, dann sind Sie erleuchtet.

Grüß die Sonne grüß die Berge

Meditierst du Stück für Stück

Dann bekommst du Licht und Liebe

Sie sind die Quelle deines Glücks.

Auf neue Begegnungen auf den Seiten von Büchern oder Zeitschriften.

Ihr Alexandr Schmidt

Badet eure Seele im Quell der Jugend der eigenen Gedanken.

Ende des Buchs